EDICIÓN ORIGINAL
Dirección editorial: Françoise Vibert-Guigue
Edición: Brigitte Bouhet
Dirección artística: Frédéric Houssin & Cédric Ramadier
Concepción gráfica y realización: Double, París.
Dirección de la publicación: Dominique Korach

Gracias a Anne Simon
por haber hecho de hada madrina.

EDICIÓN ESPAÑOLA
Dirección editorial: Jorge Induráin Pons
Edició: M. Àngels Casanovas Freixas
Realización: José M. Díaz de Mendívil Pérez
Cubierta: Francesc Sala

© 2005, ÉDITIONS LAROUSSE
© 2013, LAROUSSE EDITORIAL, S.L.
Mallorca 45, 3ª planta, 08029 Barcelona
Tel. 93 241 35 05 Fax 93 241 35 07
larousse@larousse.es / www.larousse.es

ISBN: 978-84-15411-94-9
Depósito legal B.2636-2013
2E1I

colección **MINI** LAROUSSE

HADAS Y PRINCESAS

Ilustraciones de **Élène Usdin**

Texto de Françoise **De Guibert**

LAROUSSE

Érase una vez

Las **princesas** y las **hadas** viven en un mundo encantado: el reino imaginario de los cuentos de hadas.

¿Hada o princesa?

Estos son algunos trucos para reconocer a una princesa o a un hada sin confundirse.

El **hada** tiene: La **princesa** tiene:

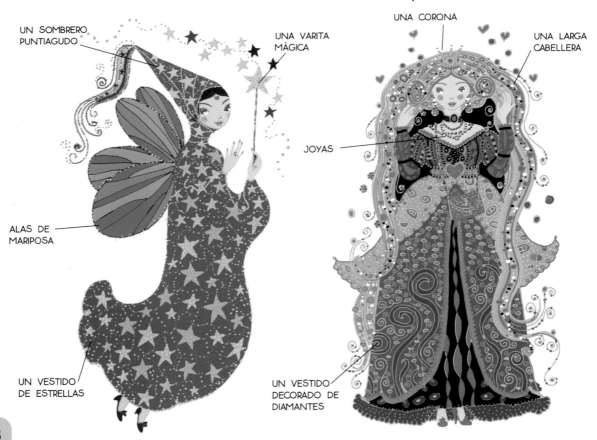

UN SOMBRERO PUNTIAGUDO

UNA VARITA MÁGICA

UNA CORONA

UNA LARGA CABELLERA

JOYAS

ALAS DE MARIPOSA

UN VESTIDO DE ESTRELLAS

UN VESTIDO DECORADO DE DIAMANTES

Al **hada** le gusta volar conducida por unos **cisnes blancos** o un **unicornio**.

La **princesa** va en una **carroza** tirada por caballos.

Una vida de princesa

Las princesas son dulces y **encantadoras**. Se pasan el día cantando, bordando y escribiendo poemas.

A algunas princesas también les gusta **montar a caballo**, cazar o viajar.

Los **dones** son los regalos de las hadas:

la *belleza*,   la *inteligencia*,   el *don* de la *música*,

el de la *danza*.

Pero, a veces, las hadas se equivocan y dan al bebé ¡orejas de asno!

17

Las hadas malas

En ocasiones, un hada se vuelve **mala**. Entonces se parece a una **bruja** y lanza hechizos.

El hada **Maléfica** no fue invitada al bautizo de la princesa Aurora.

La vieja hada, muy enfadada, lanzó una **maldición** a la princesa.

Aurora se **pincharía** con una aguja a los 15 años y moriría.

Por suerte, una joven hada hizo otro hechizo: al pincharse, **se dormiría** durante 100 años. Es la Bella Durmiente del Bosque.

El príncipe azul

El príncipe tiene que conquistar el corazón de la princesa y no siempre resulta fácil.

Si es **valiente** de verdad, luchará contra los dragones.

¡Qué alegría para la princesa cautiva verse **liberada** por su príncipe!

Como por arte de magia, un **beso** del **príncipe azul** despierta a una princesa encantada.

Incluso cuando no es guapo, el príncipe tiene un **encanto** especial.

Las hadas son **traviesas** y a veces les juegan malas pasadas a los príncipes.

Convertido en **rana**, el príncipe tiene que pasar la noche en la cama de una princesa para volver a ser un hombre.

Otra hada transforma un joven en **bestia** para **castigarlo** por su egoísmo.

Por fortuna, la **Bella** que lo ama lo libera del hechizo.

Varita y magia

Como complemento de la **varita mágica**, en el baúl de un hada hay muchos objetos mágicos.

Una bolsita de **polvos mágicos** que permiten volar.

Los **anillos de oro** que vuelven invisible a quien los lleva.

El **espejo mágico** que permite ver a quienes queremos.

Las **botas de siete leguas** para recorrer grandes distancias en poco tiempo.

La **llave mágica** que abre todas las cerraduras.

El **mechero encantado** hace que obedezcan los perros más feroces.

Las pruebas

Las hadas siempre **premian** a las personas generosas y honestas y **castigan** a los egoístas y los perezosos.

El hada, **disfrazada de vejecita**, se sienta cerca de una fuente y pide ayuda a los que pasan por allí.

Una joven le da de beber. Para agradecérselo, el hada le concede un don: cada vez que habla, de su boca salen **piedras preciosas** y **flores**.

Cuando su hermana llega a la fuente, responde de mala manera. A partir de entonces la joven empieza a escupir **serpientes** y **sapos** cuando habla. 25

Los animales encantados

Los cuentos de hadas están llenos
de **animales extraordinarios**.

El **unicornio** se parece a un
caballo blanco con un largo
cuerno en la frente.

El **dragón** es un monstruo
temible. Parece un gran
lagarto con alas
y escupe fuego.

El **grifo** es un animal mágico, mitad león, mitad águila. Guarda tesoros en los montes.

El **fénix** es un pájaro maravilloso. Cada 500 años muere entre llamas y renace en forma de cría.

27

Las hadas pequeñas

En la naturaleza, las hadas pequeñas vuelan cuando es de noche.

Tienen alas de **mariposa** y se visten con pétalos de rosa.

Descansan dentro de las flores.

Beben el **rocío** de la mañana y comen **fresas silvestres**.

Las noches de luna llena, la hadas pequeñas se reúnen en un claro del bosque para **bailar** con los elfos. Los humanos no pueden asistir a estas fiestas.

Los enanos y los duendes

En el bosque, hay otros personajes **encantados**.

Los **7** **enanitos** esconden a Blancanieves en su casa para protegerla de la reina malvada.

Los **duendes** llevan una
pequeña gorra. Les gusta
jugar y gastar bromas.

Los **elfos** son muy pequeños.
Tienen orejas puntiagudas y alas.

Algunos **duendecillos** odian la luz del Sol y sólo salen de noche. 31

Las hadas famosas

Normalmente, las hadas no tienen nombre. Pero algunas hadas se han hecho famosas.

Melusina se esconde todos los sábados. Ese día, sus piernas se convierten en una cola de serpiente.

Campanilla es amiga de Peter Pan. Gracias a ella, los niños pueden volar.

El hada **Maléfica** es el hada mala de la Bella Durmiente.

El **hada azul** da vida a Pinocho, la marioneta de madera. 33

Las hadas del mundo

Existen hadas en **todas las regiones** del mundo.

En Alemania, la **Tía Arie** hace de Papá Noel y distribuye regalos a los niños.

La **Reina de las nieves** vive en un palacio maravilloso en el Polo Norte.

En los países nórdicos,
cuando la **Dama Holle** sacude
su almohada de plumas, nieva.

En Italia, los caramelos de
Befana se convierten en carbón
en la boca de los niños malos. 35

Las princesas del mundo

SCHEHERAZADE

Durante 1001 noches, la princesa **Scheherazade** cuenta historias maravillosas al rey de Persia.

POCAHONTAS

En Canadá, la princesa india **Pocahontas** salva la vida de John Smith, un marinero inglés.

ANASTASIA

En Rusia, una joven campesina descubre que es la **hija del zar**. Deberá probarlo.

LA PRINCESA JAPONESA

Lleva un bonito **kimono** de seda y unos curiosos zapatos.

LA PRINCESA AZTECA

Vive en la montaña. Su largo pelo negro cae sobre su espalda. Lleva un pesado collar de oro y turquesas.

LA PRINCESA AFRICANA

Anda descalza. Lleva trenzas y collares de perlas de todos los colores.

LA PRINCESA EGIPCIA

Lleva collares y pendientes de oro. Tiene los ojos pintados de negro. Se coge el pelo con una diadema decorada con una flor de loto .